अपना बनके
आता कोई

आचार्य मुकुंद झा

INDIA • SINGAPORE • MALAYSIA

ISBN 979-8-89632-383-9

Contents

प्रस्तावना

प्रिय पाठकगण,

"अपना बनके आता कोई" यह मेरे जीवन की प्रथम कविता संग्रह है।

जीवन में अक्सर कुछ बातें घटित होती रहती हैं, जिनमें कुछ हमारे भावनाओं पर सकारात्मक अथवा नकारात्मक प्रभाव छोड़ जाती हैं और उनमे से जिन बातों को हम सम्बंधित व्यक्ति अथवा परिस्थिति के समक्ष मुखर नही कर पाते उन्हें कविताओं, कहानियों, चलचित्र, गीत, संगीत आदि में साझा करते हैं,

यथा मैंने भी अपनी परिकल्पनाओं को किसी से कहने के बजाए पन्नो पर उतारना अधिक उचित समझा।

मेरे जैसे जाने कितने लोगों को इन हालातों का सामना करना पड़ता होगा, और ख़ामोशी के अलावा उनके पास कोई और विकल्प न होता होगा, तो इन कविताओं के माध्यम से उनके लिए एक दर्पण तैयार करने का यह प्रयास किया गया है।

मेरी यह पुस्तक उन सभी को समर्पित है जो अपनी बाते सिर्फ खुद से कहते रहे हैं।

कविताओं की प्रेरणा मुझे अपने बचपन के एकांत एकल परिस्थियों से मिला।

कविताओं के सारे शब्द मेरे मन की गहराइयों के प्रतीक रहे हैं

कविताएं लिखने का शौक़ बचपन से रहा है, अंतर्मुखी स्वभाव का होने के कारण यही मेरी हैसियत, यही एक विकल्प रहा है।

वस्तुतः कविता लिखना मैंने महज़ १४ वर्ष की अवस्था में प्रारंभ किया था, आगे चलके प्रकाशन का प्रयास भी किया, किन्तु आर्थिक रूप से असक्षम और प्रकाशन सम्बंधित उचित सलाह न मिलने के कारण असफल रहा फिर भी कविता लेखन जारी रहा।

ऐसे में फिर एक दिन जैसे कृष्ण-पक्ष की काली रात छंटी और चाँदनी आई, मेरी कविताओं पर अपनी रौशनी डालकर मुझे कृतार्थ किया, इस अवसर के न होने पर मेरी कवितायें अँधेरी रातों में गुम सी ही रह जाती, अधिक कुछ न कहते हुए केवल इतना हीं कहूँगा कि कृतग्य हूँ मैं ऐसे अवसर का जिन्होंने मुझे स्वीकारा और मेरी कविताओं पर प्रोत्साहन व्यक्त किया, यह अवसर मेरे लिए ईश्वर या उनका आशीर्वाद है।

आप समस्त पाठकगणों को मेरा प्रणाम

आपका ही

आचार्य मुकुंद झा

माधव तेरी प्रेम कहानी

माधव तेरी प्रेम कहानी
प्रीतम तेरी प्रेम कहानी
वृन्दावन के वृन्द-पत्र पर
लिखै कन्हैया राधा-राधा
नैन लिखावट हीं को देखै
भोली सूरत अजब जनानी
माधव तेरी प्रेम कहानी
प्रीतम तेरी प्रेम कहानी

बरसाने में बरसा आई
राधा नैन बदरिया छाई
सब झूमे राधा उदास क्यूँ
पिया बिना ये कैसा पानी
माधव तेरी प्रेम कहानी
प्रीतम तेरी प्रेम कहानी

वृन्दावन का हाल कहूँ तो
बरसाने की याद न आनी
राधा राधा कुञ्ज गलिन में
कान्हा ने लिखने की ठानी
माधव तेरी प्रेम कहानी
प्रीतम तेरी प्रेम कहानी

एक प्रेम है एक प्रेयषी
एक धारणा एक ध्येय सी
है असमंजस कौन प्रतीक्षारत
मुकुंद या राधारानी
माधव तेरी प्रेम कहानी
प्रीतम तेरी प्रेम कहानी

कहीं विरह कहीं रासचित्र है
क्या है यह गाथा विचित्र है
मुकुंद वर्णन कर न पावै
कहो सुनावै कौन कहानी
माधव तेरी प्रेम कहानी
प्रीतम तेरी प्रेम कहानी

आलिंगन

अधरों पर चुम्बन हो तेरा
प्रीतम आलिंगन हो तेरा
इस विरहानल की रातों में
अब संगत प्रीतम हो तेरा
सखियों के ऐंठे तानों पर
तेरे मुरली के तानों पर
दिन रैन भरे वीरानों पर
बोलो किस किस पर बात करूं
मैं स्वयं स्वयं पे घात करूं
मैं विरह-वेदना की मारी
हंसती मुझपे सखियाँ सारी

आ जा न छुपा ले अंग तेरे
या ले चल मुझको संग तेरे
मत भेज किसी उद्धव को अब
मत और परीक्षा ले माधव
जलती हूँ पनघट पे निशिदिन
तू आ न आयेगा किस दिन
रो-रो के नैना लाल देख
अपनी राधा का हाल देख
तुझे दया दयानिधि आयेगी
पीड़ा यह किस विधि जाएगी
बरसाने से इस नन्द गाँव
तेरे मिलने को नग्न पाँव
आती थी याद तो होगी न
वो रास की रातों का मिलना
परिहास की बातों का चलना
अधरों पर मेरे अधर डाल
वक्षों पर हाथ तेरा रखना
वो प्रेमपाश वो उत्तेजन
वो पुष्प-सेज वो सुन्दरवन

वो चन्द्र सितारों का दर्शन
वो लिप्त हमारा स्पर्शन
वो बेल लताएँ यमुना तट
हाँ वहीं जहाँ जाते थे सिमट
सब याद तो आती होगी न
तू ब्रज बनिता से मिलता था
तू जब भी मुझको छलता था
मैं कान पकड़ तेरा तुझको
क्या खूब सुनाती थी तुझको
तू फिर बनिता से मिलने आ
तू फिर से मुझको छलने आ
इस बार कान नहीं पाँव पकड़
मैं क्षमा मांग लुंगी गिरधर
अब और कभी न बोलूंगी
तू जो भी कहे वो कर लुंगी
जिस दौर मिले थे हमदोनों
वो दौर काश फिर से आये
मै पी लूँ फिर से अधर तेरे
वो प्रेमप्यास फिर से जागे

अधरों पर चुम्बन हो तेरा
प्रीतम आलिंगन हो तेरा
प्रीतम आलिंगन हो तेरा
प्रीतम आलिंगन हो तेरा

अपना बनके आता कोई

अपना बनके आता कोई
अपना बनके आता कोई

तन्हा तन्हा जज्बातों को
जगते कटते इन रातों को
बिन कहे समझ जाता कोई
अपना बनके आता कोई

मेरे गुस्से को प्यार करे
मैं बोलूं वो चुपचाप रहे
फिर प्यार जता जाता कोई
अपना बनके आता कोई

मैं प्यार प्यार को तरस गया
दिन रैन मास फिर बरस गया
कुछ प्यार छिड़क जाता कोई
अपना बनके आता कोई

जैसे नखरे सहके भी माँ
बच्चे को अपने अंक भरे
जैसे प्रीतम के गुस्से को
पत्नी दुलार दे अंत करे
यूँ नखरे सह जाता कोई
यूँ नखरे सह जाता कोई
अपना बनके आता कोई

मैं प्यार का सागर था मानो
इक प्यासा गागर था मानो
कुछ बूंद पिला जाता कोई
अपना बनके आता कोई

कोई तो दिलासा दे जाता
मैं हूँ न मुझे भी कह जाता
हँसते चेहरे के पीछे का
भी अश्क समझ जाता कोई
अपना बनके आता कोई

अपना बनके आता कोई
सपनो में समा जाता कोई
कोई तो मेरा भी हो जाता
मेरे सपनो में खो जाता
मेरे आँखों को देख-देख
कुछ सपने बुन जाता कोई
अपना बन के आता कोई

हमराही कोई बन आता
हमराज राज सा रह जाता
जो मेरे इन जज्बातों से
दुनिया की झंझाबातो से
इस दूर काटती रातों से
ऐ काश बचा जाता कोई
अपना बन के आता कोई

सूना है नील गगन मेरा
सूना सारा उपवन मेरा
सूनी इस रेत की धरती पर
काली लम्बी इन रातों पर
चाँदनी बिखेर जाता कोई
अपना बनके आता कोई

बचपन के वो तन्हा हिस्से
कोई सुन जाता वो किस्से
फिर मुझे प्यार से कह जाता
जाने दो अब मैं संग तो हूँ

तेरे जीवन में रंग भरूं
मेरे रंग में रमता कोई
अपना बनके आता कोई

दिन बीत रहा कोई आये
इक शमा लिए कोई शाम आये
तन्हा तन्हा दोपहर कटा
आगोश लिए कोई रात आये
अबतक तन्हा चलता आया
किस किसपे कहूँ रुकता आया
कोई ठहराव न मिल पाया
कोई पड़ाव ना मिल पाया
अब ठौर कहीं मिलता कोई
अपना बनके आता कोई

ये सफ़र अकेला सा लेके
कबतक चलता-चलता जाऊं
ये प्यासा सा जीवन लेके
कबतक आख़िर बहता जाऊं

कोई तो समंदर मिल जाये
थमता सा बवंडर भी मिल जाए
मुझे गले लगा जाता कोई
अपना बनके आता कोई

अपना-अपना कहते कहते
ये काश-काश रटते रटते
ज़िंदगी बीत ये जाए न
सौग़ात मौत ले आये न
अब मेरे मरने से पहले
जीवन लेके आता कोई
अपना बनके आता कोई

रोते मेरे इन चेहरे को
गिरते माथे से सेहरे को
अपने दामन में मुझे खींच
हाथों से थाम जाता कोई
अपना बनके आता कोई

दिन भर मेह्नत करके आऊं
आँखों में दर्द है पानी है
कोई पास होके भी पास नहीं
बस रोती हुई कहानी है
मुझको भी हंसा जाता कोई
अपना बनके आता कोई

छोटा जीवन और इक तलाश
बस हमराही कोई हो पास
यूं बरसों बरसों इन्तजार
का अंत करा जाता कोई
अपना बनके आता कोई

करवा-चौठ

करवा-चौथ व्रतों में तुम और
मैं चलनी में चांद दिखूं
चांद बनू फिर तुम्हे निहारूं
तुम चकोरि मैं चांद दिखूं
मैं तुझको जी भरकर पी लूं

तुझको भी जलदान करूं
अपने हाथों से जल देकर
फिर अंगों में तुझे भरूं
फिर जब तीज का उत्सव आए
तू गौरी मैं काल बनूं
तू सखियों के संग भागकर
मुझको पाने को आए
मैं बालू का महादेव बन
तुझसे फिर पूजित होऊं
जीवन भर तुझ में मैं खोकर
अग्र जन्म में तुझे मिलूं
करवा-चौथ व्रतों में तुम और
मैं चलनी में चांद दिखूं

वीराना-काशी हूं

तुम गौरी तिथियों में तीज हो
मैं भटका संन्यासी हूं
तुम महलों में रहने वाली
मैं वीराना काशी हूं

तू गंगा मैं मानसरोवर
मैं सर्वत्र निवासी हूं
तू नक्षत्र नवग्रह तारा
हाँ मैं शिव कैलाशी हूं

प्रीतम के इस रिक्त-हृदय में
मात्र तुम्हारा ध्यान प्रिये
ज्यों राधा की राह निहारे
मैं मुकुंद ब्रजवासी हूं

मैं सम्राट अवध का और
तुम मिथिला-राजकुमारी हो
तुम सीता सी सती अलौकिक
मैं राघव-वनवासी हूं

युद्ध-वीरता की निनाद तुम
मैं शंकर अविनाशी हूं
लक्ष्मीबाई रानी तुम और
मैं सम्मानित झाँसी हूं

तू है मेरी ध्यान साधना
मैं सुखपुंज-उपासी हूं
तू है मेरा लक्ष्य दिशा और
मैं परलोक प्रवासी हूं

तू ब्रह्माण्ड की सृजित धरोहर
मैं उसपर नक़्क़ाशी हूं
मैं विराट से भू-मंडल पर
सज्जित भारतवासी हूं
तुम महलों में रहने वाली
मैं वीराना काशी हूं

आओगे न

मेरे होकर आओगे न
मुझे छोड़ ना जाओगे न
जलता आया हूं निशिदिन
तुम छाया बनकर छाओगे न
मेरे होकर आओगे न

आशाओं के इस गुरुर तक
मस्ती के आख़िर सुरूर तक
बड़ी देर से बड़ी दूर तक
इस समाज से उस सुदूर तक
संग में चलते जाओगे न
मेरे होकर आओगे न

सबने मेरा मन भरमाया
जगते जगते मैं थक आया
प्रीतम पाया प्रीत न पाया
नींद मिली पर चैन न आया
प्यार से मुझको सुलाओगे न
मेरे होकर आओगे न

तड़प उठा हूं प्रीतम पाऊं
काश मिले कोई समझाऊं
विरह-वेदना वंदन गाऊं

कौन सुने मैं किसे सुनाऊं
मुझको तुम समझाओगे न
मेरे होकर आओगे न

अपने मन मेरा मन रख के
हाथों में दामन को रख के
तुम अपने आँगन रख के
मेरे कंधे पे सर रख के
मुझको तुम सहलाओगे न
मेरे होकर आओगे न

प्रश्न का मेरे जवाब देकर
रोज मुझे तुम गुलाब देकर
अपने लबों का शराब देकर
हुस्न को मेरे शबाब देकर
हरदम प्यार ज़ताओगे न
मेरे होकर आओगे न

तुम मेरा अधिकार बनोगे
साथी तुम हकदार बनोगे
जीवन रस श्रृंगार बनोगे
तुम मेरा परिवार बनोगे
मेरे तुम कहलाओगे न
मेरे होकर आओगे न

अक्सर तुम मुझसे खुश होके
एक दूसरे में सुध खो के
नैनों को नैनों में छुपाके
बालों में गजरे को सजा के
प्यार से पल को सजाओगे न
मेरे होकर आओगे न

मिलन की रातों में मिल जाऊं
इतर की खुशबु में इतराऊं
बाँहों में तेरे सो जाऊं

खुद को कुछ तुमको समझाऊं
पुष्पों से महकाओगे न
मेरे होकर आओगे न

तुमसे मेरी दुनिया-दारी
तुमसे हीं अब सुविधा सारी
तुमसे हीं मिलना-जुलना अब
यारा तुमसे हीं अब यारी
खुद में मुझे मिलाओगे न
मेरे होकर आओगे न

मेरे जुल्फों को सहलाके
अपनी बातों में फुसलाके
प्यार भरा संगीत सुनाके
रोते से फिर मुझे हंसाके
मेरा मन बहलाओगे न
मेरे होकर आओगे न

कान्हा ने राधा को सुनाया
शंकर ने गौरी को गाया
तानसेन ने जिसे जगाया
सात सुरों में जिसे पिरोया
वो संगीत सुनाओगे न
मेरे होकर आओगे न

रात हो चली नूर करो अब
प्यार मुझे भरपूर करो अब
विरह-वंदना दूर करो अब
तुम संगीत ज़रूर करो अब
प्रेम-रागिनी गाओगे न
मेरे होकर आओगे न

सबने सताया तुम अपना लो
बाँहों में अब मुझे समा लो
नहीं होश अब मुझे संभालो
मुझको अपने पास बुला लो

मुझको गले लगाओगे न
मेरे होकर आओगे न

नीले से इस रिक्त गगन में
इस तन्हा-तन्हा जीवन में
सूने इस जीवन-आँगन में
काँटों के उलझे उपवन में
पुष्प-वाटिका बनाओगे न
मेरे होकर आओगे न

मैं जीवन से मुकर रहा था
डर से जैसे सिहर रहा था
मुझसे मैं हीं बिखर रहा था
मौत से जैसे गुज़र रहा था
जीना मुझको सिखाओगे न
मेरे होकर आओगे न
मुझे छोड़ ना जाओगे न

हरदम

चांदनी सी ये छटा हरदम रहेगी
जिंदगी में कहकशा हरदम रहेगी

हम कहाँ अब दूर हो के रह सकेंगे
दोस्ती की ये अदा हरदम रहेगी

तेरे कदमों से है रौशन आसमां ये
शाम ये जलती शमा हरदम रहेगी

तेरे मेरे रिश्ते की नटखट शरारत
इन दिनों की ये खता हरदम रहेगी

तुमसे दूरी हो कहाँ सकती है हमदम
मैं तेरा और तू मेरी हरदम रहेगी

तूने जितना दे दिया है हमकदम सुन
उम्र तुमसे ये जवां हरदम रहेगी
चाँदनी सी ये छटा हरदम रहेगी

शामिल

तेरी तारीफों को शामिल कर सकूं
इतनी शब्दों में मेरे हिम्मत कहां
धड़कती है सीने में तू बनके दिल
चलती है तू साथ में बनके जहां

उस गगन के क्षितिज तक बस तू हीं तू
जिंदगी के शाम तक बस तू हीं तू
मौत में तू रवानगी है सांस में
बनके रहबर तू हीं मेरे आस में
तुझको हीं पाऊं नजर जाती जहां
चलती है तू साथ में बनके जहां

चांदनी तू रात की दिन का उजाला
हार हूं मैं जीत की तू रुचिर माला
तुझसे हीं आंगन सुसज्जित चांदनी तू
मौत आलिंगन लिए और जिंदगी तू
तुझे पाके है सुसज्जित आसमां
चलती है तू साथ में बनके जहां

क्या है

तुझको झुकना पड़े तो फिर प्यार क्या है
तुझे हो शर्मिंदगी तो क़रार क्या है
है तो फिर धिक्कार मुझपर और वफ़ा पर
तुझे रखूं दूर तो फिर पास क्या है

कभी रूठो तुम मनाऊं हक है मेरा
कभी मुझको थाम लो ये हक है तेरा
चाहकर फिर दूर कर दूं वो नहीं मैं
थामकर जो छोड़ दे वो यार क्या है

आसमां भी रूठता है चांदनी से
कृष्ण-पख तक दूर रहता चांदनी से
फिर बुलाकर चांदनी को अंग भरता
चांदनी को दूर करके बहार क्या है

संग तू फिर सामने गहरा समंदर
या के फिर तूफ़ान हो चाहे बवंडर

कस्तियाँ चाहे हिले ना मिले साहिल
संग तेरा है तो फिर मजधार क्या है

संग तू फिर देख श्रावण गुनगुनाए
ये बरसती छटा जैसे गीत गाए
मस्तियाँ चाहे भिगोकर प्यार करना
संग तेरे बारिशों की फुहार क्या है

संग तू फिर जेठ की दोपहर है क्या
या कि तपती हवा जैसे कहर है क्या
पत्तियां चाहे हिले ना मिले ठंडक
संग तू फिर प्रज्वलित अंगार क्या है

संग तू फिर पूष वाली रात भी हो
सर्दियों में थरथराती बात भी हो
बस्तियां चाहे सिहरती ठंड वाली
संग तू फिर बर्फ की दीवार क्या है

संग तू तो कोयलों की कुहू आती
या के सुन्दर वृक्ष ये पृथ्वी उगाती
तितलियाँ चाहे के ऋतु में रंग भर दूँ
संग तेरे फिर बसंत-बयार क्या है

दूर तुमसे मैं कहाँ खुद रह सका हूं
एक लम्हा चैन से क्या सो सका हूं
पुष्प माला इत्र बिस्तर सब निरर्थक
तू नहीं तो प्रीत-रस श्रृंगार क्या है

नैन में आंसू लिए यूँ क्या खड़े हो
क्यूँ ज़रा सी बात को लेके पड़े हो
उफ़ ये तेरा ओट से मुझको निरखना
पास आ जा दूर से दीदार क्या है

चलो छोड़ो भूल जाओ जो हुआ है
ख़ुशी से फिर झूम जाओ ये दुआ है
या बता दो कबतलक नाराजगी है
मान भी जाओ मेरे सरकार क्या है

तुमसे हीं घर और आँगन है सुहानी
तुमसे तुलसी और मधुवन की जवानी
तुमसे हीं प्रीतम ख़ुशी से झूमता है
तू नहीं तो फिर मेरा परिवार क्या है

चलो बैठो साथ में कुछ काम कर लें
संग में कुछ धुन सुनें आराम कर लें
घर सजाएं पुष्प के पौधे लगाएं
तू बता अब बिन तेरे घर-द्वार क्या है

तुझको झुकना पड़े तो फिर प्यार क्या है
तुझे हो शर्मिंदगी तो करार क्या है

काफ़िर

कैसे कह दूं कोई काफ़िर है
वो भी तो मेरा आख़िर है

ये लोगों ने जो बना रखे
रस्मों से सबने सजा रखे
ये हिंदू-मुस्लिम की बातें
सब एक दूसरे पर घातें
क्यों इतनी नफरत ज़ाहिर है
वो भी तो मेरा आख़िर है

सब कौम बनाए इंसा ने
कोहराम मचाए इंसा ने
ये जात धर्म ये पागलपन
मरते कटते आवारापन
ये आन्दोलन किस ख़ातिर है
वो भी तो मेरा आख़िर है

सब अपनी जगह पाकीज़ा हैं
मंदिर मस्जिद या गिरजाघर
काबा कुरान नाना पुराण
कोई भी भेद सिखाए न
ये ज़िल्लत वेद सिखाये न
सब एक राह के मुसाफ़िर हैं
कैसे कह दूं कोई काफ़िर है

वो ख़ुदा एक वो ईश्वर है
जिसने चंदा चाँदनी रचा
जिसकी जमाल से पूछो तो

हर शय में बस वो माहिर है
कैसे कह दूं कोई काफ़िर है

आकार एक सा हुस्न एक
हर एक शख़्स का खून एक
ये चर्म मांस मज्जा ये अस्थि
तहज़ीब एक है जुनून एक
भगवान् सभी में हाज़िर है
कैसे कह दूं कोई काफ़िर है

रेहल

इस बदलती दुनिया का कोई हल होगा
आनेवाला क्या सुनहरा कल होगा
बिकते से इन पुस्तकों के हाट में
क्या कोई निष्पक्ष सा रेहल होगा
इस बदलती दुनिया का कोई हल होगा

जानता है जितना रेहल क़ुरआन को
उतना हीं मानता है रेहल पुराण को
फर्क है कि लकड़ी, ख़ुदा ने इज़ात की

इन्सा ने रच दी है, दुनियां किताब की
इक मसीहा क्या कोई संबल होगा
इस बदलती दुनिया का कोई हल होगा

कौन सी दुनिया है ये
और जाने कैसे-कैसे लोग
हंसना है ज़िल्लत जहां पर
रोने भी ना देते लोग
सोचता हूं मैं कहां पर
आ गया ये क्या संयोग
जिसको हीं जीने न देते,
उसके हीं मातम पे ढोंग
यूं हालात मेरे हर तरफ है
ये दिन रात की तड़प है
काश अब कुछ ऐसा हो
के टूट जाए बेड़ियां
खत्म हो नकली, रिवाज़ और

बलि, पूजा, वेदियां
आज के इस रात का कोई कल होगा
इस बदलती दुनिया का कोई हल होगा

नम सी होती आंखे मेरी
कड़कती हैं शाखें मेरी
उफ़ सिहर सा जाता है मेरा शरीर
क्यूँ हर तरफ है पाखंड की भीड़
ये न्याय अन्याय
पंचायत ये पर्याय
शरीफों के साथ हरदम छल होगा
इस बदलती दुनिया का कोई हल होगा
क्या कोई निष्पक्ष सा रेहल होगा

चाँदनी

एक आँगन सूना सूना में
तू रात चाँदनी बन आई
ख़ामोश धड़कने चुप सी थी
तू एक रागिनी बन आई

इक नूर इलाही ने भेजा
कोई हूर इलाही ने भेजा
मैं भी जिसका हक़दार बनू
मेरे क़िस्मत की बात न थी
तुझे सजा सकूं जीवन में
मेरी ऐसी औक़ात न थी

तू राज-रंगिनी बन आई
तू रात चाँदनी बन आई

मैं रंगहीन कोई रंग न था
संगीत न कोई मृदंग न था
मेरे जीवन में ढंग न था
हमराही कोई संग न था
तू मेरी संगिनी बन आई
तू रात चाँदनी बन आई

तू एक इबादत जैसी है
तू एक मुहब्बत जैसी है
तेरी हसरत इस मन को है
सजदा तेरे दामन को है
तू मेरी कहानी बन आई
तू रात चाँदनी बन आई

ये रहमो करम सब तेरा है
सब तेरा है जो मेरा है

ये सांसे भी अब तुमसे है
बाकी खुशियां अब तुमसे है
तू मेरी भामिनी बन आई
तू रात चाँदनी बन आई

यह दास अकेला तन्हा था
सूना सूना कोई पल सा था
इक सूनी साँझ की बदली में
तू मनोरंजिनी बन छाई
तू रात चाँदनी बन आई
तू रात चाँदनी बन आई

मौत

मैं मौत के बारे में सोचता हूं
कितनी हसीन होगी न
ज़िन्दगी के बाद की दुनियां
कितनी संगीन होगी न
एक रूह होगी मेरी और सारी कायनात
एक अलग सी दुनियां एक अलग हालात
जहाँ आफ़त न होगी निवास की
कोई जुर्रत न होगी लिबास की
एकदम शांत सी एक दुनिया
वो रूह की दुनिया

रुई सी हल्की एकांत सी दुनियां
मैं मौत के बारे में सोचता हूं

इस जिस्म के नाजायज़ चाहतों से महरूम
अपनों परायों के भावों से महरूम
ना सड़क न मंज़िल की ताक
न भेदभाव यूँ न बात बेबाक
अह कितनी हसीन
मैं मौत के बारे में सोचता हूं

लोग ग़मगीन हो जाते हैं
सोचकर भी जिस जहां को
मै ख्वाहिश कर जाता हूं
कई बार उस जहां को
मैं मौत के बारे में सोचता हूं

यहाँ खुद की ख़ुशी गुमनाम सा है
मगर क्यूँ खुदकुशी बदनाम सा है
सच कहूँ तो बड़ी जल्दी पड़ी है

निकल कर भीड़ से कहीं दूर चल दूं
यहाँ रस्मों की अनगिनती कड़ी है
अकेले तोड़ कर के सुदूर चल दूं
मगर जाना है इक दिन सोच कर के
बैठ जाता हूँ फिर कुछ सोच करके
मैं मौत के बारे में सोचता हूं

ऐ

अरे ऐ ज़िन्दगी सुन तो ख़फ़ा क्यूं
यार कहती है खुद को बेवफ़ा क्यूं
अरी ऐ ज़िंदगी कैसी उदासी
मौत है मालकिन तू उसकी दासी
गिला तुझसे नहीं कोई भी मुझको
तूने जितना दिया है बहुत मुझको
खुशी से इस जहाँ से नग्न होकर
विदा लूंगा मै तुझसे मग्न होकर
गलतियां तो हुई होंगी जो मुझसे
माफ़ कर देना कर सकना जो मुझको
सभी कुछ रख हवाले आज तेरे

सौंप जाता हूँ अपनी जान तुझको
मैं मौत के बारे में सोचता हूं

हां मै टूटा हज़ार बार
हां मैं छूटा हज़ार बार
अब क्या, ना टूटना है ना छूटना है
अब तो टूट रही ये सांसे बार बार
मैं मौत के बारे में सोचता हूं

चलो प्रीतम मेरे संग
शेष यू ही रहने दो
मुझको चलना बहुत
दरवेश यू ही चलने दो
मैं मौत के बारे में सोचता हूं
मैं मौत के बारे में सोचता हूं

उम्र

आज सब पुराना हो चला है।
आज सब पुराना हो चला है।

कुछ पात्र हैं कुछ दृश्य हैं
कुछ रंगमंच में अदृश्य हैं
सब चित्रकला के कलाकार
जीते जाना बस एक कला है
आज सब पुराना हो चला है।

उम्र की बहती नदी
देखो कब और कहां ले आती है

लगता न था कि
कि हम भी बूढे होंगे।
वो चमकती जवानी
वो खुद को आईने में निहारना
वो सुंदर और घने बाल
आज सब पुराना हो चला है।
आज सब पुराना हो चला है।

एक फीकी सी मुस्कान लिए
जीते जा रहे आज भी
कि जीवन में शायद कुछ और भी रंग
बाकी कुछ और भी बला है।
आज सब पुराना हो चला है।

वो अपनो से लड़ना ये मेरा वो मेरा
और आज कुछ भी अपना न रहा
न जाने किन किन बातो में अड़ गए
मेरा था ही क्या जो हम लड़ गए
एक दिन सब यू ही तो रह जाना है

छोड़ जाना है सबको
सब यहीं रह जाना है
बिन पता हीं चलते जाना है
पीना है पीते जाना है
कुछ समझ नहीं आता प्रीतम
जीवन अमृत है कि हला है।
आज सब पुराना हो चला है।

शर्त

हम ने दीवानगी की हद करदी
तुमने शर्तों में मोहब्बत की है
हम खुलेआम तेरे राह चले
तुमने पर्दों में मोहब्बत की है

हमने चाहत की डोर थामी है
तुमने परतों में मोहब्बत की है
ऐ सितमगर तू यूं सितम कर ना
तूने प्रीतम से मोहब्बत की है

तू है दरवेश की आख़िर मंज़िल
एक तेरे से मोहब्बत की है
हम ने दीवानगी कि हद कर दी
तुमने शर्तों में मोहब्बत की है
हम खुलेआम तेरे राह चले
तुमने पर्दों में मोहब्बत की है

आ जाना

ज़रा क़रीब आ जाना बहुत दूर जाने से पहले
ज़रा क़रीब आ जाना बहुत दूर जाने से पहले

एक बार फिर वो, वो बात कर जाना
एक दिन के लिए वो रात कर जाना
दिन निकल जाने से पहले
ज़रा क़रीब आ जाना बहुत दूर जाने से पहले

बहुत याद आती है
इतना के तड़पा जाती है
वो शाम वो शमा

वो चांद वो खुला आसमाँ
फिर वो शमा जला जाना
शाम ढल जाने से पहले
ज़रा क़रीब आ जाना बहुत दूर जाने से पहले

वो फिजा वो समंदर का छोर
वो मुझे तेरा कस के पकड़ना
और कहना कि अब
कभी न जाना मुझे छोड़
वो मुहब्बत के बादल बरसा देना
बदल जाने से पहले
ज़रा क़रीब आ जाना बहुत दूर जाने से पहले

अभी कुछ कदम मेरे साथ आओ
भीड़ से दूर कुछ एकांत आओ
उम्र की बात कर लो आज प्रीतम
गले लग जाना कल जाने से पहले
ज़रा क़रीब आ जाना बहुत दूर जाने से पहले
ज़रा क़रीब आ जाना बहुत दूर जाने से पहले

सफ़र

ज़िंदगी के सफ़र में
मौत को मंज़िल पाया
वक़्त के फासलों में
फ़ैसला मुश्किल पाया
जब जहाँ आशियाँ हमारा था
चमन वीरान थे
न रौशनी झिलमिल पाया
जहाँ भी देखता सब रो रहे थे
मैं कैसे मुस्कुराता
अपना होंठ सिल पाया
ज़िंदगी के सफ़र में मौत को मंज़िल पाया

हम जिसे ढूंढते रहे अबतक
शबाब मोम का था
और पत्थर दिल पाया
तुफानो के भंवर में
रह गया अकेला मैं
किनारा मिलता कैसे
डूबता शाहिल पाया
ज़िंदगी के सफ़र में मौत को मंज़िल पाया

साथ प्रीतम के हम चलें कैसे
राहें अनजान हैं
हमने सनम संगदिल पाया
ज़िंदगी के सफ़र में मौत को मंज़िल पाया
वक़्त के फासलों में फ़ैसला मुश्किल पाया

मनमीत

जी चाहता था जैसा
मनमीत न पाया
प्रीतम मिला है मुझको
पर प्रीत न पाया
ख्वाबों के अंजुमन में हम खेलते रहे
हरपल किसी के ताक में मशग़ूल से रहे
दिल हार बैठा जिस पर
वो जीत न पाया
जी चाहता था जैसा मनमीत न पाया

अपना मुझे बनाकर
हाथों में हाथ लेकर
ताउम्र साथ चलता
वो मीत न पाया
जी चाहता था जैसा मनमीत न पाया

रातें कुछ ऐसी गुजरी
बातें कुछ ऐसी गुजरी
अफ़साना बन के पलछिन
वो बीत न पाया
जी चाहता था जैसा मनमीत न पाया

कितना हंसाता था मैं
और गुनगुनाता था मैं
पर भीगे मेरे नैना
संगीत न पाया
जी चाहता था जैसा मनमीत न पाया

न भूलेंगे कभी

उस पहले दीदार को न भूलेंगे कभी
तेरे मेरे प्यार को न भूलेंगे कभी

तेरे उस चांद से चेहरे को
जो आज भी चमके हैं
तेरे हुस्न के रंगों को
जो आज भी दमके हैं
अपने इस यार को न भूलेंगे कभी
उस पहले दीदार को न भूलेंगे कभी

प्रीत के धागों से पिरोया ये मन
तेरे रसभरे अंगों में डुबोया ये तन
उस रैन में चली बयार को हम न भूलेंगे कभी
उस पहले दीदार को न भूलेंगे कभी

वो तारों भरी शमा
वो मिट्टी की खुशबू लिए आसमाँ
वो आंगन की खाट
वो चाँदनी रात
अपने दिलदार को न भूलेंगे कभी
उस पहले दीदार को न भूलेंगे कभी

वो नींद और वो पनाहें
तुझमें लिपटे से और वो आहें
प्रीतम की वो अधखुली निगाहें
बाहों के उस हार को न भूलेंगे कभी
उस पहले दीदार को न भूलेंगे कभी

ज़रूरत नहीं फ़िक्र हो तुम
खुद से करूँ वो ज़िक्र हो तुम
मैं जुबान तू मेरी कहानी है
तू मौत के बाद की ज़िंदगानी है
तुमसे जुड़े संसार को न भूलेंगे कभी
उस पहले दीदार को न भूलेंगे कभी

जुबां है तू शब्द हूं मैं
तुझमें हीं स्तब्ध हूं मैं
तुझको प्राणों में समा लूँ
ऐसे कुछ प्रतिबद्ध हूं मैं
अपने इस सरकार को न भूलेंगे कभी
उस पहले दीदार को न भूलेंगे कभी

रोज़ की वो मुलाकातें
सर्द रातें गर्म बातें
ओस के वो लिप्त पल और

लिपटते से तृप्त पल और
प्रज्वलित अंगार को न भूलेंगे कभी
उस पहले दीदार को न भूलेंगे कभी

वो रात चांदनी छोटा घर
वो कलकल पानी का झरना
वो तेरी सूरत देखता मैं
वो तेरे पहलू में रहना
चूड़ी के झंकार को न भूलेंगे कभी
उस पहले दीदार को न भूलेंगे कभी

अब और पीने की हसरत नहीं
आख़िरी जाम हो तुम
अब अगले सुबह की ज़रूरत नहीं
आख़िरी शाम हो तुम
प्रेम-रस श्रृंगार को न भूलेंगे कभी
उस पहले दीदार को न भूलेंगे कभी

मैं तुझे भूल ना पाऊंगा
चाहे कोई क़ीमत दे-दे
अब कुछ क़ुबूल न पाऊँगा
खुशियों से भरी क़िस्मत दे-दे
अपने इस परिवार को न भूलेंगे कभी
उस पहले दीदार को न भूलेंगे कभी

यादों का सुमन

तेरे साथ की बात यादों में अब भी
कभी उस डगर को हूं जाता मैं जब भी
वो सारा का सारा सुमन अंजली में
रखा है कि फिर तू गुज़र इस गली में
गुलाबों की कलियाँ हैं हाथों में अब भी
तेरे साथ की बात यादों में अब भी

के भर जाए तेरा ये आंचल खुशी से
दुआ है के तू फिर से आए खुशी से
तू प्रीतम की बातों में यादों में अब भी
कभी उस डगर को हू जाता मैं जब भी
तेरे साथ की बात यादों में अब भी

कूच

कुछ बातें याद रह जाएंगी
मुलाकातें याद रह जाएंगी
प्रीतम हमारी कूच में
ये रातें याद रह जाएंगी

वो पपीहों की गूंज
वो वीरान अंजुमन
वो कांटो की अंजलि में
लिपटा सुमन
गंगातट वो बनारस की शाम
वो पहाड़ और विन्ध्याचल धाम

वो मीठी-मीठी हंसती हंसाती
मेरी कुछ बाते याद रह जाएंगी
कुछ बातें याद रह जाएंगी।।

दरी

दीवारो दर वो दरी छोड़ आए
वहीं पे कहीं दो घड़ी छोड़ आए
वो मिलना गले से महज़ दो घड़ी का
आंसू में लिपटी कड़ी छोड़ आए
दीवारो दर वो दरी छोड़ आए
वहीं पे कहीं दो घड़ी छोड़ आए

तेरी मुस्कुराहट पे यूं ताकते थे
तेरे पास बैठे तुझे झांकते थे
तेरे पास होने को दिल है तरसता

कोई भूल जैसे बड़ी छोड़ आए
वहीं पे कहीं दो घड़ी छोड़ आए

यादें तेरी मीठी बातो का गुंजन
वो बच्चों की बातें वो प्रीतम वो आंगन
कहीं आंसुओ की झड़ी छोड़ आए
दीवारो दर वो दरी छोड़ आए
वहीं पे कहीं दो घड़ी छोड़ आए

तरस

तुझ से मिलने की
फ़रियाद किए जाता हूं।
मै तुझे रोज़-रोज़ याद किए जाता हूं

और ढाओगे कितने
ज़ुल्मो सितम प्रीतम पे
खुद को तेरे लिए
बर्बाद किए जाता हूं
मै तुझे रोज़-रोज़ याद किए जाता हूं

तेरे दीदार को तरस बैठे
उम्र भर प्यार को तरस बैठे
तुझको देखा तो थम गई आंखे
बंद आंखो से दीदार किए जाता हूं
मै तुझे रोज़-रोज़ याद किए जाता हूं

उम्र और ज़िंदगी से पार जाकर
सजाया तेरे दिल में घर बनाकर
तुमसे बिछड़े तो किधर जाएंगे
यार हम जीते जी मर जायेंगे
मैं अनपढ़ और ज़िंदगी किताब किए जाता हूं
मै तुझे रोज़-रोज़ याद किए जाता हूं

पथिक

कृष्ण का कोई रूप हूं मैं
या कोई गोपिका हो तुम
मैं पुराना खंडहर
जिसकी दरों पर लिखा हो तुम

तू है पथ मैं कोई राही
प्यास मैं तू जल-सुराही
राह भटका सा पथिक मैं
लक्ष्य इंगित शिखा हो तुम
कृष्ण का कोई रूप हूं मैं
या कोई गोपिका हो तुम

तू उमा कोई महल वासिन
मैं कोई पर्वत हिमालय
मैं जटा शिव की तू गंगा
मैं अघोरी छद्म शिव का
या कोई कालिका हो तुम
कृष्ण का कोई रूप हूं मैं
या कोई गोपिका हो तुम

तू धरा पर मैं महल हूं
भूत तू मैं विदित कल हूं
मैं महल की नीब जिसपर
सजित अट्टालिका हो तुम
कृष्ण का कोई रूप हूं मैं
या कोई गोपिका हो तुम

ब्रह्म मैं कोई सृजन तू
सौरमंडल मैं गगन तू
मैं हूँ संचालक जगत का
मेरी संचालिका हो तुम

कृष्ण का कोई रूप हूं मैं
या कोई गोपिका हो तुम

मैं हूं ब्रज तू कोई निधिवन
चाँद मैं तू कोई आँगन
प्रेयषी तू मैं हूँ प्रीतम
हां मेरी राधिका हो तुम
कृष्ण का कोई रूप हूं मैं
या कोई गोपिका हो तुम

ईश तू कोई भक्ति मैं हूं
प्रेम तू आसक्ति मैं हूं
मैं हूं मंदिर में प्रतिष्ठित
मेरी आराधिका हो तुम
कृष्ण का कोई रूप हूं मैं
या कोई गोपिका हो तुम

विष्णु मैं सबका सहारा
मुझमे हीं यह विश्व सारा

मैं जगत का आदि-पालक
हाँ मेरी पालिका हो तुम
कृष्ण का कोई रूप हूं मैं
या कोई गोपिका हो तुम

मैं तपस्या ध्यानरत तू
मैं हूं अनपढ़ ज्ञानरत तू
अनवरत मैं कोई साधक
और मेरी साधिका हो तुम
कृष्ण का कोई रूप हूं मैं
या कोई गोपिका हो तुम

युद्ध मैं तू कुशल रण है
शस्त्र मैं हूं तू हनन है
तू समर की रक्त-चंडी
हाँ मेरी चंडिका हो तुम
कृष्ण का कोई रूप हूं मैं
या कोई गोपिका हो तुम

परिणीता

हे राम तुम्हारी धरती पर
फिर एक जानकी मिली मुझे
वो रूप रंग की सीता सी
वो पुण्यवती परिणीता सी
फिर वही प्रीति की छबि लिए
फिर नई प्राण सी मिली मुझे
हे राम तुम्हारी धरती पर
फिर एक जानकी मिली मुझे

हे राम कृपा आशीष करें
झोली मुकुंद मेरा भर दें
जिसको पाकर हो सफल जन्म
वो भक्ति मेरी है मिली मुझे
हे राम तुम्हारी धरती पर
फिर एक जानकी मिली मुझे

आधा

पूरा होने की चाहत है
आधा तुझमें जिंदा हूं
कब से जाने आसमान में
उड़ता एक परिंदा हूं

बाहर बाहर पूरा रहता
अंदर से मैं आधा हूं
प्रीत की रीत निभाता आया
हूं मुकुंद मैं राधा हूं

मैं हीं शालिग्राम प्रस्तर
मैं हीं तुझमें वृंदा हूं
पूरा होने की चाहत है
आधा तुझमें जिंदा हूं

हूं आधा मैं आधी तू है
आधी कुछ अभिलाषा है
मिलके आ पूरा हो जाएं
पूर्ण की तू परिभाषा है
तू ब्रह्माण्ड की दसों दिशाएं
मैं हर दिक् बाशिंदा हूं
कब से जाने आसमान में
उड़ता एक परिंदा हूं

परछाई में तू आधा है
आधी मेरी काया है
चलता था अबतक आधा
अब तू मेरा हमसाया है
सदियों से तू मुझमें मृत है

सदियों से मै जिंदा हूं
कब से जाने आसमान में
उड़ता एक परिंदा हूं

मैं चुम्बन का अधर हूं आधा
लब रखके पूरा करदे
मैं आगोश की खुलती बाहें
आकर अंक मेरा भरदे
तू श्रृंगार स्वरुप प्रणय में
मैं दुल्हन शर्मिंदा हूं
कब से जाने आसमान में
उड़ता एक परिंदा हूं

पूर्ण हुआ तुझको पाकर
आधी न कोई बाते हैं
कृष्ण-पक्ष से शुक्ल-पक्ष तक
पूर्ण चांद की राते हैं
तू है राह कि जिसपे मैं

आता-जाता आइन्दा हूं
कब से जाने आसमान में
उड़ता एक परिंदा हूं
पूरा होने की चाहत है आधा तुझमें जिंदा हूं

बेबाक

मेरे क़ातिल तेरा इंसाफ़ किए जाता हूं
खून अपना मैं तुझे माफ किए जाता हूं
प्यार भर दूं आ तेरे दामन में
आख़िरी बार तुझे प्यार किए जाता हूं

याद आऊंगा तुझे मैं कल भी
आज वो बात किए जाता हूं
मेरे क़ातिल तेरा इंसाफ़ किए जाता हूं
खून अपना मैं तुझे माफ किए जाता हूं

तुमने कहना था जितना कह डाला
आज बेबाक किए जाता हूं
दिन तेरे नाम कर रहा प्रीतम
आख़िरी रात किये जाता हूँ

मेरे क़ातिल तेरा इंसाफ़ किए जाता हूं
खून अपना मैं तुझे माफ किए जाता हूं

प्रीत की रीति निभाई हमने
दिल तेरे नाम किए जाता हूं
ना हो इलज़ाम तेरे नाम कोई
जा तुझे माफ किए जाता हूं

मेरे क़ातिल तेरा इंसाफ़ किए जाता हूं
खून अपना मै तुझे माफ किए जाता हूं

हसरतें थी किसी बदन को तेरी
वो बदन ख़ाक किए जाता हूं
तुझको खुशियों भरा संसार मिले
ये दुवा आज दिए जाता हूँ

मेरे क़ातिल तेरा इंसाफ़ किए जाता हूं
खून अपना मै तुझे माफ किए जा

संयोग

तेरा मेरा मिलना यूं तो
हरगिज़ है कोई संयोग नहीं
तू आत्मसात मेरी समाधि
तू है केवल सम्भोग नहीं
तेरा मेरा मिलना यूं तो
हरगिज़ है कोई संयोग नहीं

तू क्यों अधीन दुविधाओं के
ये रिश्ता है कोई रोग नहीं
कीर्तन है झंझावातों का
ये इस समाज का जोग नहीं

तेरा मेरा मिलना यूं तो
हरगिज़ है कोई संयोग नहीं

तू है मेरे हक़ की कोई
ऐसे मिलना तो योग नहीं
तू मत भरमा इस दुनिया में
प्रीतम को समझे लोग नहीं
तेरा मेरा मिलना यू तो
हरगिज़ है कोई संयोग नहीं

रिश्ते

शक की बुनियाद पर झूलते हुए रिश्ते
शर्त की क़तार में खड़े शूलते हुए रिश्ते
मोहम्मद भी शर्त के
मोहब्बत भी शर्त के
क्या खूब बनाया है इंसानों ने
ये डोलते हुए रिश्ते
क्या खूब संभाला है हमने
मोहब्बत ओ रिश्ते
शक की बुनियाद पर हिलते हुए रिश्ते

मत करो गुलामी रिवाजों की
तोड़ दो ज़ंजीर मक्कार समाजों की
यहाँ सब मायने देते हैं अपने मिज़ाज़ों की
बेवजह मत करो क़ुबूलते हुए रिश्ते
शक की बुनियाद पर हिलते हुए रिश्ते

नहीं मांगता रब कोई शर्त तुझसे
वो करता मोहब्बत है बेशर्त तुझसे
तो क्यों लूटता है तू विश्वास सबका
सदा मुफ्त होता है दरबार रब का
हां मत छोड़ हिस्सा तू रक़म का
मगर मान करना तू अपने करम का
देखा है पैसे वसूलते हुए रिश्ते
शक की बुनियाद पर हिलते हुए रिश्ते
शर्त की क़तार में खड़े शूलते हुए रिश्ते

पल

देखा है मैंने तुझ से बिछड़ के
टुकड़ों में रह गए बिखर के
अश्क में लिपटे से पल थे
चलती रही सांस धीमे से मर के
देखा है मैंने तुझ से बिछड़ के

सोचा कि बात न करूं फिर क्यों
कभी चौखट कभी क़लम पे रुकते रहे
रोते हुए कभी खुद में छुपते रहे
कैसे बताऊं घुटन ज़हर के
देखा है मैंने तुझ से बिछड़ के

कभी सोचता था मुझमें ही नहीं
तड़प तो होगी तुझमें भी कहीं
वरना आग सा दिल क्यों दहकता
कभी शबनम से जम गए सिहर के
देखा है मैंने तुझ से बिछड़ के

काश तू नज़दीक होती
कंधे पे सर रख के सोती
और जब तू प्यार में
रोती कभी कस के पकड़ के
देखा है मैंने तुझ से बिछड़ के

वो तेरा गुस्से में होना लाज़िमी
मान कर के काश थम लेता तुझे
आज जी भर कर अकेलापन मेरा
कोसता है खुद से लड़ के
देखा है मैंने तुझ से बिछड़ के

शाम आती प्यार के जोड़ो में सज के
देखकर मायूस सा दिल जा धड़कता
उफ्फ अकेला सा हूं, प्रीतम तू कहाँ है
भीड़ में हट कर खड़ा हूं मै शहर के
देखा है मैंने तुझ से बिछड़ के

रात आती प्यार की वो बात आती
वो बिताए साथ की बारात आती
चाँदनी सी याद की सौगात आती
मूक हूं दरवेश आंसू हैं लहर के
देखा है मैंने तुझ से बिछड़ के
टुकड़ों में रह गए बिखर के

कोई मिलता

कोई दूर-दूर तक न मिल सका
ज़ख्म के इक निशां न सिल सका
काश कोई समझ जाता
कुछ बेजुबान बातें हैं
खुदमें सिमटे हुए
रो कर बिताए कुछ रातें हैं
किसको बताते कोई न मिल सका
कोई दूर-दूर तक न मिल सका

उम्र वीरान है तन्हाईयाँ हैं
हंसी नकली असल रुसवाईयाँ हैं
कोई अपना चमन न खिल सका
कोई दूर-दूर तक न मिल सका
ज़ख्म के इक निशां न सिल सका

याद आती

तुझसे दूरी है अब हैरान सा हूं
कहीं जो छोड़ आए बोतले पैमान सा हूं
कहीं मंजर कोई अब साथ ना है
बिना तेरे कोई अब आस ना है
देख ले तेरे बिन वीरान सा हूं

जहां जाती हैं नजरें ढूंढती हैं
फफकते आंसुओं से शूलती हैं
कभी हंसते रहे वह याद आती
कह रहे रात वाली बात आती
तेरे पहलू में सिमटकर रो पड़ूं

तू ज़रा सहला आज मैं सो पड़ूं
साथ सबके हूँ मगर
सबसे मै अनजान सा हूँ
तुझसे दूरी है अब हैरान सा हूं
कहीं जो छोड़ आए बोतले पैमान सा हूं

पहचान

दीवानों के नाम में अब अपना भी नाम हो जाए
एक दुसरे में हमारी पहचान हो जाए
प्यास की आग है तेरे मिलन की
मुझ में तू आ लिपट
फिर ज़िंदगी शमशान हो जाए
दीवानों के नाम में अब अपना भी नाम हो जाए

भर दे वो जाम जो खाली सा है
तेरे बिन प्रीतम सवाली सा है
होश गुमनाम है मैं हूँ अलग अब
शरीफ़ का ये दिल मवाली सा है

फिरसे इक बार मिलो

बातें तमाम हो जाये

दीवानों के नाम में अब अपना भी नाम हो जाए

तू रात है सुहानी

चाँदनी तेरा हिस्सा

तुझे उम्र भर सुनूं

आशिक़ी में ये किस्सा

सरेआम हो जाए

दीवानों के नाम में अब अपना भी नाम हो जाए

एक दुसरे में हमारी पहचान हो जाए

मिट्टी की खुशबू

वो मिट्टी की खुशबू और तेरा साथ
हम ना भूलेंगे कभी

वो पास होकर भी इंतज़ार करना
चाहत की बातें बार बार करना
हम ना भूलेंगे कभी

वो तेरे गुस्से पे मेरा हंस देना
फिर तेरे रोने पे बाहों में कस लेना
हम ना भूलेंगे कभी

वो लोगों से मिले इल्ज़ाम
फिर भी ताक में तेरे सुबह शाम
हम न भूलेंगे कभी

तेरे पास थे वो मेरे प्यार का था हिस्सा
तुझ से दूर हूँ अब मेरे प्यार का है किस्सा
हम ना भूलेंगे कभी
वो मिट्‌टी की खुशबू और तेरा साथ
हम ना भूलेंगे कभी

समर्पण

कुछ ऐसा जीवन हो गया
मैं तुझपे समर्पण हो गया
कांटों में लिपटा सा वो वन
फूलों का आंगन हो गया
कुछ ऐसा जीवन हो गया

सुन गया कोई दिल की बातें
कह गया मंज़िल की बातें
मेरा था तेरा ये मन हो गया
मैं तुझपे समर्पण हो गया

तेरे बदन की खुशबू में नहाना मुझको
डूबना है तुझमें कहीं और न जाना मुझको
तेरे आगोश में सो जाऊं तसल्ली आती
नींद आंखो में मख़मली आती
तू चेहरा मै दर्पण हो गया
कुछ ऐसा जीवन हो गया
मै तुझपे समर्पण हो गया

तेरी दरगाह से लौटे तो कहां जाएंगे
किसी के हो न पाएंगे अब कहां जाएंगे
प्रेम धागों मे तुमने बांधा है
पास रहना है तेरे दूर कहां जाएंगे
तू पुष्प है मैं चमन हो गया
कुछ ऐसा जीवन हो गया
मै तुझपे समर्पण हो गया

मुड़के कहां जाऊंगा मैं तेरी पनाह से
जीना यूं तुझ से दूर अब लगता गुनाह से
बिछड़ने की बात से रो जाता हूं मैं
तुझमें कहीं दूर तक खो जाता हूं मैं
आहों मे जगकर, बाहों मे तेरे सो जाता हूं मैं
तू धरती मैं गगन हो गया
मैं तुझपे समर्पण हो गया
मैं तुझपे समर्पण हो गया

आहट

दूर होकर तू सबसे पास है
प्रत्येक आहट मे तेरा आभास है
अनवरत जीवन डगर में
मैं शरीर तू श्वास है
दूर होकर तू सबसे पास है

मैं सजदा तुम मेरा ख़ुदा हो
नहीं लगता कि तुम मुझसे जुदा हो
चाहेंगे तुझे इतना कि ख़ुदा कर देंगे
सजदे में तेरे खुद को खुद से जुदा कर देंगे
ग़ैर है दुनियां ये सारी

तू हीं सबसे ख़ास है
दूर होकर तू सबसे पास है

मिलेंगे के तेरा होने के लिए
फिर कुछ न होगा खोने के लिए
मैं मुसाफ़िर था भटकता तू मेरा आवास है
दूर होकर तू सबसे पास है

कल्पना में तू ही प्रस्तुत
क्या बताऊं बात अद्भुत
छद्म है यह विश्व सारा
और तू विश्वास है
दूर होकर तू सबसे पास है

भक्त मैं और भक्ति है तू
प्यास मैं आसक्ति है तू
जो क़यामत तक करूं मैं
वो असीमित आस है
दूर होकर तू सबसे पास है

बंदगी

तू मौत है तू नसीब है
मेरी बंदगी भी अजीब है
तू है तो सांसे जी उठी
मेरी ज़िन्दगी जो क़रीब है
तू मौत है तू नसीब है

उपवन है तू रेहाना है
तू उम्र है तू हीं जनम
ये जिस्म तो अफ़साना है
तू रूहे रिश्ता जानेमन

बाक़ी तो सारे रक़ीब हैं
तू मौत है तू नसीब है

ये चाँदनी ये आसमाँ
ये ज़मीं फलक और ये जहां
सब हैं गवाह मेरे इश्क़ के
मैं हूं वहां प्रीतम जहाँ
तुझसे हीं सांस सजीब है
तू मौत है तू नसीब है

जी चाहता बेशुमार दूं
तुझे प्यार दू फिर प्यार दूं
फिर प्यार दू फिर प्यार दूं
गिनती नहीं कई बार दूं

ऐ जुस्तजू ऐ आरज़ू
तू हीं नबी तू है वज़ू
तू नमाज़ है तू कुरान है
तू धर्मशास्त्र पुराण है

तू ही तो हर तरक़ीब है
तू मौत है तू नसीब है

तेरी रज़ा मे गुमशुदा
दरवेश तेरे दर शुदा
मेरे हुकुम मेरे ख़ुदा
मर जाएंगे ना कर जुदा
तू हीं मेरा तहज़ीब है
तू मौत है तो नसीब है
मेरी बंदगी भी अजीब है

नाता

एक अजीब सा गहरा नाता है तुमसे
बड़ा क़रीब सा गहराता है तुमसे
धागों में उलझा ये मन
कोयल के कुहू सी ये मिठास
पृथ्वी की बातें जैसे
सुन जाता हो गगन
जाने क्या क्या यूं कह जाता है तुमसे
एक अजीब सा गहरा नाता है तुमसे

कुछ राज न रहा
तुम राज़दार हो चले
स्नेह की पवित्रता देखो
हम दाग़दार हो चले
न जाने किस घाटी से
उमड़ता आया एक लहर
कि बहते गए बस
न जाने किसपार हो चले
लहर में तेरे लहराता है तुझसे
एक अजीब सा गहरा नाता है तुमसे

इश्क़ है या के इश्क़ से आगे
उम्र जो तुमसे जुड़ गया जाके
अब तलक था कहां ठिकाना तेरा
तुझको देखा तो झुक गया आगे
मन ज़रा भी नहीं घबराता है तुझसे
एक अजीब सा गहरा नाता है तुमसे

तुझको देखता हूं नयनों को मूंद
अह तेरे मिलन के कल्पना की बूंद
जाने कब से पुकारता प्रीतम
राह अब भी निहारता है मुकुंद
स्वप्न में इतराता है तुमसे
एक अजीब सा गहरा नाता है तुमसे
देखो न क़रीब सा गहराता है तुमसे

ज़िद

तेरे साथ मरने की ज़िद पे अड़ा है
मन आज तक उसी मिट्टी पे खड़ा है
जब दौड़ के आए थे तेरे आगोश में
सब छोड़ के आए थे तेरे आगोश में
कितना फूट के रोए थे
फिर कई रात हम न सोये थे
फिर हद से गुजरने की ज़िद पे अड़ा है
मन आज तक उसी मिट्टी पे खड़ा है

वो तेरा एकटक मुझको तकना
वो मेरी राह पे तेरा रुकना
जब याद आता है मुझे प्रीतम
चाहता फिर से है तेरा होना
क्या है मंजर ये कैसा माज़रा है
मन आज तक उसी मिट्टी पे खड़ा है

कब तक आख़िर आस मे रहें
दिलासा झूठ का दें काश में रहें
रस्मो के झूठे सरहद का ज़र्रा है
मन आज तक उसी मिट्टी पे खड़ा है
मन आज तक उसी मिट्टी पे खड़ा है

इबादत

तेरी वफ़ा मेरी ताक़त बन गयी
तेरी वफ़ा मेरी ताक़त बन गयी

तू रूह मेरी तू हीं आस
तू जिस्म मेरा तू हीं लिबास
तू पूजा तू ध्यान साधना
तेरा रूप मेरी इबादत बन गयी
तेरी वफ़ा मेरी ताक़त बन गयी

धर्म तू अब कर्म तू अब
जिज्ञासा का मर्म तू अब

हर घड़ी सुमिरन तेरा हीं
नाम जपना आदत बन गयी
तेरी वफ़ा मेरी ताक़त बन गयी

मैं फीका फीका था
तू छूकर गुलाबी कर गई
सन्यासी नैनों को शराबी कर गई
किसे समझाऊं क्या बताऊं
तुझ बिन ज़िन्दगी आफ़त बन गयी
तेरी वफ़ा मेरी ताक़त बन गयी

सूना घर सूना आँगन था
अनजाना इक आंदोलन था
मै अकेला भीड़ में था
मेरी आवारग़ी शराफ़त बन गयी
तेरी वफ़ा मेरी ताक़त बन गयी

जाना मत गर आ गए
कहना मत कि भरमा गए

तूने जगाया है सुलाऊंगा मैं
अपनी नर्म गर्म बाहो में
तेरा सर रख सहलाउंगा मैं
तुझसंग नादानी शरारत बन गयी
तेरी वफ़ा मेरी ताक़त बन गयी

घर नही तो पनाह दूंगा
प्यार तुझको अथाह दूंगा
हर कदम तेरा खयाल कर
तुझे रखूंगा मैं सम्भाल कर
तू प्रीतम की अमानत बन गयी
तेरी वफ़ा मेरी ताक़त बन गयी

गुलिस्तान

तुम आकर मुझे गुलिस्तान कर जाते हो
तुम जाकर मुझे वीरान कर जाते हो
ये उम्र है जिसका पड़ाव हो तुम
यू अकेला छोड़ मुझे शमशान कर जाते हो
तुम आकर मुझे गुलिस्तान कर जाते हो

चलो खुद बता दो के जी लोगे मेरे बग़ैर
ठीक है पर सुनो मेरा कोई नहीं तेरे बग़ैर
सब जानते हो तुम, सच मानते हो तुम
फिर क्यों रुलाकर मुझे परेशान कर जाते हो
तुम आकर मुझे गुलिस्तान कर जाते हो

कई दफा सोचा तेरी राह छोड़ दू
क्यों ज़ाया करूं वक़्त ये पनाह छोड़ दू
इल्तिजा करूं के तू इतना बता दे
के ज़िन्दगी से रुख़मोड़ लूं मौत का पता दे
तुम तो जानते हो न मेरा कोई अपना नहीं
फिर कैसे मुझे अनजान कर जाते हो
तुम आकर मुझे गुलिस्तान कर जाते हो

जिस दौर मिले थे हम दोनों
वो वक़्त कहां भूलोगे तुम
तुम भूल भी जाओ मुझको पर
वो प्यार कहाँ भूलोगे तुम
ये सोच सोच खो जाता हूं
मन को मसोस सो जाता हूं
क्या बाद जियोगे तुम मेरे ?
आबाद जियोगे तुम मेरे ?
कैसे काटोगे कठिन जनम
सोंचोगे मुझे दिन रात सनम
मै प्यार तुझे करता इतना

बोलो हिसाब दूं क्या कितना
सपने तेरे संग जोड़ चले
तू छोड़ा तो जग छोड़ चले
यूं सपनों के किस्सों के गुणगान कर जाते हो
तुम आकर मुझे गुलिस्तान कर जाते हो

माना कि शमा मुंह मोड़ेगा
जब सांस साथ ये छोड़ेगा
सब भूल चुका हूं प्रीतम पर
तुझको मुकुंद ना भूलेगा
तुम आकर ईद और रमज़ान कर जाते हो
तुम आकर मुझे गुलिस्तान कर जाते हो

तुमसे हीं

तुमसे हीं सारी खुशी है
दुनिया ये तुमसे हंसी है
तुझसे ही ज़र्रे की रौनक़
तुमसे हीं ये ज़िंदगी है

शराफ़त भी तू गुनाह है
राह भी तू हीं पनाह है
तुमसे हीं कहना है खुल के
तुमसे हीं शर्मिंदगी है
तुमसे हीं ये ज़िंदगी है

द्वार तू दरवेश मैं हूं
तू अतीत अवशेष मैं हूं
तुझमें है दरगाह रब का
तुझसे हीं ये बंदगी है
तुमसे हीं ये ज़िंदगी है

शब्दहीन उम्मीद हूं मैं
तू मिले के फफक पड़ूं
अग्नि तू समिधा हूं मैं
तुझमें मिलूं कि धधक पड़ूं
जितना चाहूं तुझको चाहूं
जीतना मैं तुझको चाहूं
तुझपे हीं सब हार जाऊं
ज़िंदगी ये वार जाऊं
सांस तुझसे रवानगी है
तुमसे हीं ये ज़िंदगी है

नाम

यूं मेरा नाम किसी और से जोड़ा न करो
टूट के आया हूं दर पे तेरे तोड़ा न करो
माना के बाते कुछ कर जाता हूँ नागवार
पर बेवजह बातो को मरोड़ा न करो
यूं मेरा नाम किसी और से जोड़ा न करो

रूठके मानके बस तेरे हैं तेरे
तुझमे हीं रहते हैं सांझ सवेरे
छोड़ आए हैं कहीं दूर सबको
तरस खाओ कभी हालत पे मेरे

यूं बात बात पर तुम मुझे छोड़ा न करो
यूं मेरा नाम किसी और से जोड़ा न करो

हालात है जज़्बात हैं फिसल जाते हैं
तेरे दीदार को प्रीतम यूँ मचल जाते हैं
हां गुस्से से लथपथ हो जाता हूं कभी
रास्तों से अनपथ हो जाता हूं कभी
वफ़ा पे मेरे तू करती क्यूँ शक है
जबकि मुझपे सिर्फ तेरा हीं हक़ है
मेरे चाहतों के बटुवे को कोरा ना करो
यूं मेरा नाम किसी और से जोड़ा न करो

जानते हो तुम के दूर हैं हम
जानता हूं मैं बड़े मजबूर हैं हम
फिर नाता महज़ यकीन का तो है
सोचो प्यार हमारा संगीन सा तो है
मैं हूं ना, कि गिला तुम थोड़ा न करो
यूं मेरा नाम किसी और से जोड़ा न करो

लड़ लो मैं भी लड़ता हूं
तुम ही नहीं मैं भी मरता हूं
जियेंगे साथ, में मर जायेंगे
बिछड़ के तुझसे तो मर जाएंगे
कि हमसे गुलाबी रुख़ यूं मोड़ा ना करो
यूं मेरा नाम किसी और से जोड़ा न करो

ख़्वाहिश

अपने ख्वाहिशों की किताब किसे दूं
कर ना पाया हूं जो हिसाब किसे दूं
साथ प्रीतम के हम न रह पाए
लुट चुके चेहरे का हिजाब किसे दूं
अपने ख्वाहिशों की किताब किसे दूं

राह चलते रहे रोते रहे हम
जले अंगार पे सोते रहे हम
किसी से कह न पाए सह जो आए
दर्द है जितना बेहिसाब किसे दूं
अपने ख्वाहिशों की किताब किसे दूं

सभी को ख़ुश किया ग़म साथ रखके
सबको ज्यादा दिया कम साथ रख के
दुहाई हाय क्या कर्तव्य निष्ठा
निभाया सिर्फ हमने वो ख़्वाब किसे दूं
अपने ख्वाहिशों की किताब किसे दूं

कोई हमसे कभी ना हो हताहत
लुटा दूं प्यार यूं कैसी बग़ावत
यही अरमान थे जो लुट गए तो
पूछ लो आके कि जवाब किसे दूं
अपने ख्वाहिशों की किताब किसे दूं
कर ना पाया हूं जो हिसाब किसे दूं

याद करोगी न

ये प्यार के मोहलत याद करोगी न
सूफियाना ये चाहत याद करोगी न

अद्भुत ये अनछुआ स्पृश्य सा
नयनों में अदृश्य इक दृश्य सा
तुझ से दूर होकर तेरे वजूद में हूं
कभी मिलन की फ़रियाद करोगी न
ये प्यार के मोहलत याद करोगी न

ये देर तक हमारी बात
ये कल्पना की सारी रात
ये शब्दों से मेरा तुझको छू जाना याद करोगी न
ये प्यार के हरकत याद करोगी न

ये हमदोनो की भरी आंखें ये अनछुए स्पर्श
ये अजीब सी कम्पन ये मख़मली से वर्ष
याद करोगी न

हां तू मेरी वासना में है
हां तू उपासना में है
तू है जैसे ध्यान तपस्या
तू मेरे साधना में है
सब करते हैं रब की इबादत
तू मेरी आराधना में है
तेरे साथ का सारा आलम रौशन हो जाता है
कांटों पे कदम तेरा पड़े तो गुलशन हो जाता है
अब कभी साथ, भूल जाना ना
हाथ में हाथ, भूल जाना ना

रात गहरी थी और हम तुम थे

कभी ये बात भूल जाना ना

बीते लम्हों को याद करोगी न

ये प्यार के मोहलत याद करोगी न

सूफियाना ये चाहत याद करोगी न

आहटों में तेरे मैं हूं

तेरी चाहत में मैं
हो गया गुमशुदा
मेरे होटों से तू
मुस्कुराती सदा
उम्र की बात
जीवन से आती सदा
मेरी राहों में तुम
आती-जाती सदा
आहटों में तेरे मैं हूं

मेरे सुंदर चुम्बनों का
क्या तुझे भी प्यास सा है
मेरे कुशल-स्पर्शनों का
आज भी एहसास सा है
करवटों में तेरे मैं हूं
आहटों में तेरे मैं हूं

सिरहाने में मेरी बांहे
सांसो में मख़मली आहें
सुबह की लालिमा फिर
तुझ से जुदा होने का डर
सारे दिन फिर आने वाली
शाम-ए-उल्फत की असर
तुझको फिर ढूंढे निगाहें
सिलवटों में तेरे मैं हूं
आहटों में तेरे मैं हूं

रूह मैं तेरे जिस्म में हूं
रंग मैं तेरे रस्म में हूं
तुम्हे चूमने की ख्वाहिश है
हां तुम्हे छूने की ख्वाहिश है
कि तेरे बिस्तर पे हिस्सा मेरा भी है
तेरे नींदों में किस्सा मेरा भी है
आंचलों में तेरे मैं हूं
आहटों में तेरे मैं हूं

तू मेरी आरज़ू है जो कभी ख़त्म न होगी
तू वो जुस्तजू है जो कभी ख़त्म न होगी
मैं तुझमे हमेशा तू प्रीतम में मौजूद
हम दोनों में है एक दूसरे का वजूद
धडकनों में तेरे मैं हूं
आहटों में तेरे मैं हूं

माना कि तू मेरे रूह में है
मगर तमन्ना मुझे तेरे जिस्म का भी है
हमदम हम बहके लोग नहीं

गलतियाँ कुछ रिवाज़-ओ-रस्म का भी है
रिवाज़ो में तेरे मैं हूं
आहटों में तेरे मैं हूं

हां मैं मुसकुराता हूं

मैं मुसकुराता हूँ
कि कोई मेरे दर्द का
मज़ाक न उड़ाये
जलजला हूं मैं ये मान के चलता हूं
दिलजला हूं पर सीना तान के चलता हूं
कि कोई मेरे हौंसलों को
और न गिराए
मैं मुसकुराता हूँ

देखा है मैंने लोगों को
बिन आग जलते हुए
औरों की खुशी देख
ग़म मे करवटें बदलते हुए
खुद के ग़म से नहीं
औरो की ख़ुशी से मरते हुए
दुश्मन के लिए वार है
मेरा चेहरा हंसते हुए
हां मैं मुसकुराता हूँ

हां मैं मुसकुराता हूँ
कि मेरे आँसू बहुत क़ीमती हैं
यूं ही नहीं इसकी नीलामी होगी
मेरे हंसते चेहरे पर अब
दुश्मन की गुलामी होगी
हां मैं मुसकुराता हूं

इंतज़ार

क्यू तड़प जाता हूं दीदार के लिए
कुछ बाक़ी रह गया होगा इक़रार के लिए

तेरे पास कुछ छोड़ आया हूं शायद
जिसे पाने की हसरत कर जाता है दिल
तरस जाती हैं निगाहें तेरे सूरत को
तुम ईद हो के चाँदनी रात
सुनो मिलो न तुम हर बार के लिए
क्यू तड़प जाता हूं दीदार के लिए

आऊंगा मिलूंगा ये दिल कहता है
आख़िर कुछ तो बाक़ी रह गया हूं तुझमें
के हाथो में तेरे मैं भी था
कभी बातो में तेरे मैं भी था
कभी घनी अंधेरी शाम होगी
लोगो की भीड़ खुशियों की जाम होगी
याद आउंगा तुझे मैं तब भी
भले प्रीतम जुबां पे नाम न हो
दिल हीं काफी दिलदार के लिए
क्यू तड़प जाता हूं दीदार के लिए

तू परेशान कर ये आरज़ू है अर्ज़ी भी
के ज़माने से तेरे आरज़ू मे बैठे हैं
तू ख़ास था कभी न कभी
यूं तेरी जुस्तजू मे बैठे हैं
तुझे अपना बनाने की ज़िद भी नहीं है
फिर भी तुझे खो देने का ख़ौफ़ बेहिसाब है
तुझको पाया है स्वीकार के लिए
क्यू तड़प जाता हूं दीदार के लिए

तू क़रीब तो आ शायरी कर दूं
आज दामन को प्यार से भर दूं
कुछ सिला मिले इंतज़ार के लिए
क्यूं तड़प जाता हूं दीदार के लिए

मैं रहूं या न रहूं

तेरे सपनों को सम्मान मिले
तुझे जीवन शिव वरदान मिले
तू झूले खुशियों की डाली
हो पूर्ण सफल अरमान मिले
मैं रहूं या ना रहूं

तुझे ज़िंदगी नसीब हो
खुशियां तेरे क़रीब हो
दामन में लिपटा सा कहीं
मेरे नाम का भी रक़ीब हो
मैं रहूं या ना रहूं

सुबह की लाली सा खिलके
जैसे भू अंबर है मिलके
वैसे ही सब कुछ हासिल हो
ज्यूँ नदियां सागर में मिलके
मैं रहूं या ना रहूं

कुछ और दुआएं अर्ज़ करूं
जाते जाते कुछ फ़र्ज़ करूं
संसार तेरा आबाद रहे
इक जीवन साथी और भी था
साथी बस इतना याद रहे
मैं रहूं या ना रहूं
आंचल मे सिमट रखना मुझको
फुर्सत में परख लेना मुझको
ये रात बात सब याद रहे
मैं रहूं या ना रहूं

रोना ना कभी गर याद आऊं
हंस देना मैं खुश हो जाऊं
बस यही तमन्ना कर लेना
मेरे थे कभी फ़रियाद रहे
मैं रहूं या ना रहूं

कनिष्टिका और अनामिका में
मानिक मोती चमकते रहें
गागर खुशियों के तेरे
आजीवन हीं छलकते रहे
मैं रहूं या ना रहूं

रोना ना कभी भी तू सजनी
हंसना खुश होकर के रहना
जो बात कभी मन में आए
तुम आ करके मुझसे कहना
मैं रहूं या ना रहूं

तू छू ले ऊँचे अंबर को
जो चाहे हासिल हो के रहे
एक जीवन-साथी और भी था
साथी बस इतना याद रहे
मैं रहूं या ना रहूं

लो हो विलीन अब मैं तुझ में
तेरे ज़ेहन में तैर चला
मैं हुआ सफ़र और तू साथी
अब आ बस अपना सैर चला
मैं रहूं या ना रहूं
इति

www.ingramcontent.com/pod-product-compliance
Lightning Source LLC
La Vergne TN
LVHW091054150826
845673LV00002B/575

* 9 7 9 8 8 9 6 3 2 3 8 3 9 *